Cuando algo se rompe...

Rocío Belén Moyano Rufián

Aliarediciones

Corrección: Eladia Guerrero
Diseño de cubierta: Jaime Galisteo
Maquetación: Aliar Ediciones

Depósito Legal: GR 1771-2024
ISBN: 979-13-87590-22-2

Impreso en España

Edita
ALIAR Ediciones
www.aliarediciones.es
info@aliarediciones.es

Cuando algo se rompe...

Rocío Belén Moyano Rufián

A María, la luz que ilumina mi vida.

A mis padres, que me dieron lo más valioso: la vida.

PRÓLOGO

Apreciado lector, he querido hacer este prólogo con el fin de que se comprenda un poco de dónde nace este libro: de lo más profundo de mi ser.

¿Quién no se ha sentido roto alguna vez? No roto por un momento, por algo o alguien que sabes que pasará. No. Roto por un dolor tan inmenso que te vas deshaciendo por los caminos que transitas a diario. Tan roto que crees que nunca podrás volver a respirar tranquilo ni te recompondrás. Todos tenemos algún «roto».

Nunca me había planteado antes esta posibilidad, pero era consciente de que algo no iba bien. No estaba cómoda conmigo misma, quería estar sola cuando siempre había sido muy sociable, me costaba dormir…; aún me pasa, pero he conocido lo que es, lo he comprendido y lo puedo colocar en mi mente para poder seguir adelante. Esa es la diferencia entre antes y ahora: la comprensión. Esta no elimina las emociones, hay que sentirlas y vivirlas, pero te sientes más tranquila cuando comprendes qué te ocurre y por qué.

Roto. Elegí esta palabra porque, realmente, algo se ha roto, no volverá a ser como antes ni se puede reparar. Si bien el dolor puede seguir sintiéndose, también se puede vivir con ese «dolor reparado». Al principio, pensaba que jamás saldría de esa espiral de dolor, pensamientos negativos, ansiedad e irritabilidad; pero comencé a ir a terapia psicológica y, poco a poco, comprendí aspectos de mi pasado en los que ni siquiera había reparado. Sentí las emociones incómodas que estaba evitando y entendí que eso siempre estaría conmigo, así que había que gestionarlo.

Con mucho esfuerzo, bajé el ritmo de pensamientos negativos que me impedían vivir con normalidad y aprendí a valorar lo que tenía y tengo en mi vida.

No te voy a decir que es algo fácil y que una vez conseguido se queda contigo. No. Es difícil, duele, te molesta y es fácil caer en el torbellino, pero ahora me doy cuenta de cuándo estoy entrando e intento pararlo. Como digo, no es fácil ni siempre funciona, pero ahora soy más feliz y no quiero volver a la infelicidad del pasado.

Por todo esto, apreciado lector, no vas a encontrar una obra maestra, poemas con métrica y ritmo perfectos. No. Vas a encontrar mi alma. Rota, desnuda, deshecha, reconstruida... solo con un fin, darte ánimo para que luches por comprender tus «rotos», para que aprendas a vivir con ellos y para que no pierdas la felicidad, porque la vida es maravillosa a pesar de todos los obstáculos.

DUERMEVELA

Sueño ligero, fatigoso y frecuentemente interrumpido.

Momentos en los que resulta complicado distinguir la realidad de la ficción. El poder de los sueños es tan potente que nubla la cordura, haciendo difícil captar la realidad de forma objetiva.

Conforme ves que tus sueños se van diluyendo y no se alcanzan, entras en un estado de vigilia, confusión, hastío y desgana. Comprendes de forma lúcida a veces. Otras, todo se nubla y no sientes fuerzas para nada.

Te cuesta comprender, te culpas y te sientes responsable de todo. No identificas tus emociones, no entiendes tus reacciones y el mundo parece tu enemigo.

INTUICIÓN

Ves sin mirar
y escuchas sin sonidos.
Tu mente lo sabe
antes de que ocurra.
¿Por qué intentar?
¿Por qué no?
Sientes sin señales
y caes sin caminar.
Saboreas la sal de tus lágrimas
antes de enjugarlas.
Abrazas la soledad
y te hundes mientras nadas.
Sientes miedo de tus pensamientos,
no puedes escapar de ellos y
te atrapan.
Cada instante de cada día,
la misma canción triste
en tu cabeza,
la misma lluvia
cayendo incesante.
¿Por qué intentar?
¿Por qué no?
¿Por qué sí?
Y... ¿por qué ahora?
La mente debe descansar
y los pensamientos reposar.
En el futuro... sí.

JUICIOS

Preguntas constantes
que no quiero responder.
Miradas compasivas
que deseo evitar.
Lo que es y debe ser,
de otra forma, no puede ser.
El devenir y la comida pasada.
Los números que muestran
los deseos frustrados.
Las palabras que hieren
como puñales mientras
el otro ríe como si nada.
Sonrisas falsas,
explicaciones vanas.
Salir corriendo, no quiero nada.

Antes de hablar,
mira en tu alma.

OPRESIÓN

Un gigante encerrado
lucha por hacerse con el espacio;
una respiración agitada
brota sin contención;
un pensamiento insidioso
no descansa en su rincón.
Me aferro a hacer desaparecer todo,
imposible.
Pensamientos que no descansan
me persiguen a cada instante,
en una montaña sin salida,
con una opresión asfixiante.
Me afano, me deshago,
me obsesiono y me abandono.
Abrazar la presión,
comprender mi corazón,
las monedas ofrecidas…
Aceptar mi camino,
el que me ha llevado a lo que soy.
Aceptar mi situación,
la que siento sin solución.
Aceptar mi yo,
del que no tengo compasión.

Un gigante encerrado
que debo controlar.

Una respiración agitada
que puedo serenar.
Un pensamiento insidioso
que cambiar.

CAÍDA

De repente, un tropiezo.
Miras a tu alrededor,
sombras.
¿Cómo llegaste?
Borbotones de palabras
inundan tu garganta.
No puedes responder, afasia.
Un torrente de realidades imposibles
se cuelan en mi vida.
Miradas antipáticas,
nulas oportunidades,
intentos fallidos.
¿Por qué para algunos es tan fácil?
¿Por qué la injusticia?
¿Qué he de aprender de ella?
Quizás la caída
sea un paso necesario.
Doloroso, pero necesario.

BREVEDAD

Un segundo.
Vida, muerte.
Un segundo.
Alegría, tristeza.
Un segundo.
Alivio, angustia.
Inspiro, espiro.
Tan solo un segundo
puede cambiar el mundo.
Ese mundo que consideras seguro,
esa vida reposada
puede alterarse y no volver.
El dolor, el hambre,
el no, de nuevo.
Pensar en el instante,
ese segundo en el que todo cuadra.
Y el otro segundo en que todo
se hunde.
Un segundo.
Relatividad temporal,
recuerdos aislados.
Un segundo.
Falsa seguridad,
deseos frustrados.
Un segundo,
para cambiar el rumbo.

ROCÍO

Resbalas en la hoja
como mis lágrimas de rabia,
refrescas tu entorno
como mi mirada de amor.
Nombre escogido,
estrella llena de fulgor,
asombrosa criatura
criada con fuego y pasión.
Existes y no desapareces
y presencias el paso sin temor.
Joven y atenta
aunque los años pasen sin compasión.
Cargada con un peso
que rompe el corazón.
Se quita las capas
para poder tener respiración.
Un largo camino recorre
la gota que colma,
pero impone límites necesarios.
La gota, que no abandona
pero descansa a la fuerza.
La gota.

ÑAQUE

En el rincón de cada casa,
entre olvidos y memorias,
reconocemos objetos
que nos transportan.
Mangas diminutas y ruedas que giran,
colchones no usados
con aguas marinas y
aroma de niña.
Juguetes que no saldrán
de las cajas que los guardan,
objetos no usados,
considerados imprescindibles.
¿Qué necesitamos?
¿Cuál es nuestro equipaje?
Poco a poco, lo deshago,
con esfuerzo y poca gana
pero liberando la espada
sobre mi cabeza.
Desnudez, nihilismo,
sobriedad y vacío.
Objetos inútiles que
representan ilusiones,
momentos vividos que no retornarán.
Objetos desechados pero
recuerdos atesorados.

¿Qué necesitamos?
A nosotros.
¿Cuál es nuestro equipaje?
Las vivencias, el amor…
pero también el dolor.

YUGO

Cría de esta forma,
vive así,
trabaja como yo,
siente de esta manera.

...

Todo está impuesto,
nada queda a la originalidad,
la sociedad decide
dejando tus deseos atrás.
Estereotipos nos ofrecen
de vidas no reales,
si tu cuerpo o tu mente
no responden,
no vales.
Soporta tu mochila
y carga con las piedras de otros,
nunca desconectes,
ansiedad siempre presente.
Labios que mienten
diciendo que comprenden
pero tras la sonrisa
hay desprecio e indiferencia.

Necesitamos paz,
vivir de forma auténtica,
poder sanar heridas
y mostrar nuestras derrotas.

PESADILLA

Sueño angustioso o que produce terror.

Momentos donde los sueños han desaparecido para dar lugar a tus pesadillas, a eso que tanto temes, a eso de lo que huyes. Sin embargo, no puedes escapar, no hay más salida que enfrentarse, rasgarse la piel, llorar y perderse.

Te desnudas por completo y dejas que la lluvia arrase con todo, que penetre hasta los huesos, sientes cada instante incómodo y aprendes a seguir a pesar de todo. Lloras, lloras, lloras... incesantemente.

FRAGILIDAD

En un segundo estalla
todo lo que callas,
y en una mirada se encierra
toda la pena incierta.
Las lágrimas te rompen,
pero, a veces, te recomponen.
No poder evitar gritar,
las palabras exactas no encontrar,
y la mirada perdida fijar.
Los deseos rescatar
para intentar arrancar.
Imposible.
Tu alma de nuevo desarmar,
el cuerpo ya no aguanta más,
la mente sin descanso ya,
no podrás.
Es necesario parar.
La fortaleza de siempre se va,
el miedo y la incapacidad
en tu mente se instalan ya.
El cristal se rompe.

¿Dónde estás? Perdida.
¿Adónde vas? No hay salida.
¿Qué hacer? Buscar una mano amiga.

DOLOR

Escucho las sonrisas,
miro la suavidad,
acaricio las palabras y
huelo las lágrimas.
Lágrimas que resbalan
por mis mejillas ya cansadas.

Una imagen más, y otra,
y otra.

No puedo, quiero esconderme para siempre.
La gente habla,
ajena a mi dolor.
No puedo culparlos
pero aumenta mi temor.
Pienso en el infinito amor,
y ojalá fuera sanador,
pero siento un vacío
enorme en mi interior.
Dicen que el dolor redime,
¿será, pues, mi salvación?

HUIDA

Cerrar los ojos a la realidad.
Tapar los oídos a las palabras
y vaciar la boca de sentimientos.
Abandonar los lugares de antaño,
descansar sin descanso
para no estar.
Dejar de lado todo lo conocido,
sumergirte en ti mismo
y olvidar la vida.
Anudar los latidos del corazón
y enfundar el alma al vacío.
Atar los miembros para caminar,
vaciar las manos de útiles
y sonreír mientras lloro por dentro.
Emprendo el camino,
el camino a ninguna parte,
pero necesito un sendero
para perderme.
La huida a ningún lugar,
la huida de mí misma.

TENSIÓN

Un recibimiento con una sonrisa falsa.
Preguntas incómodas sin responder.
Encuentros obligados
que gustaban ayer.
Los músculos tiran,
la espalda duele,
las piernas tiemblan
y el peso te puede.
Necesidad de parar,
esconderme, no estar.
Miradas que no comprenden,
dolor no escuchado,
ansiedad no entendida.
Me debo mojar y no puedo.
Quiero explotar y me muerdo.
... tensión…
... cables rotos sin conexión…
... tensión…
... el hundimiento, cada vez, es mayor.

PÉRDIDA/PERDIDA

Un laberinto sin sentido
se abre paso en tu vida.
Te miras al espejo y
no te reconoces.
Intentas definirte y
se escapan palabras mudas.
¿Qué fue de antaño?
¿Dónde quedó la esencia?
Nubarrones oscuros
cubren el cielo, se llevan el sol
y la esperanza con ellos.
Buscas apoyo y no hay nadie.
La gente oye pero no escucha,
ve pero no observa,
abraza pero no siente…
Y tú, sola, intentas encontrarte
pero ya no estás.
Y tú, sola, intentas pegarte
pero ya no hay posibilidad.
Tiempo…
Asimilación…
Nankurunaisa…
Una vez escuché:
«El tiempo no es un doctor»,
pero ¿se alivia?
Tú, sola. Tú, auténtica.

Tú, luchadora. Tú, ambiciosa.
Tú, viajera. TÚ.
Haz el camino y disfruta contigo.

WAITING

Miro el reloj y el calendario
y programo cada instante
del futuro.
Pienso en lo que debería y no es,
cuestiono las leyes del destino.
Anhelo angustias ajenas,
desatendiendo mis certezas.
Imagino vidas paralelas,
llenas de sonrisas fingidas
que no son del todo reales.
El tiempo me abruma.
Siento su paso,
sus cicatrices.
El tiempo me define.
Abandono mi ahora
por un deseo inexistente.
Ayer, mañana, ojos interrogantes.
Nunca es ahora, instante,
vida presente, lo único verdadero.
Sociedad egoísta que huye de la
conexión.
Cánones establecidos
que hay que cumplir.
Números definidos
que hay que cuadrar.
Y este triángulo no encaja.

El tiempo me define,
el tiempo me abruma.
Espera, espera intranquila
de quimeras fatales.
Tacho los días, cuento los minutos
y anulo mis momentos.
Olvido lo esencial,
lo verdadero,
lo existente.

El tiempo me abruma.
El tiempo me define
y me roba mi presente.

ZARPAZO

Otro ataque gratuito
castiga mi alma abandonada.
Otra sonrisa falsa
asoma a mis labios.
Mis manos sujetan
la seguridad que se escapa.
Respiro.
Otro zarpazo de la vida
me araña el rostro.
Otro golpe de realidad
me saca de mi ensoñación.
Otro reto que superar.
Respiro.
Palabras a borbotones
llenan las pantallas,
limpian mi alma,
calman mis marañas.
El futuro incierto se cierne
sobre mis entrañas.
Exprimir la vida,
jugar sin reglas ni ventajas.
Respiro.
Reflexiono sobre el sentido,
y busco mis hazañas,
esas que me forjaron
a fuerza de telarañas.

Saco mi espada
y rasgo la estampa,
aunque venga otro zarpazo,
tengo que seguir con la capa.
Respiro.
A veces, el zarpazo es duro
y te hiere sin futuro.
A veces, la herida se infecta
y no hay elixir que la detenga.
A veces, la vida duele
y la quieres, simplemente.
El zarpazo marca
y el cuerpo no olvida,
las cicatrices recuerdan
cada momento las heridas.
Debo salir del laberinto…
pero... otro zarpazo.
No respiro.

MIEDO

Miedo a abrir los ojos y verte,
miedo a sentir tu silueta,
miedo al imaginar tu dolor.
Escalofríos, agitación, respiración,
imaginación perversa.
Miembros ocultos tras las sábanas
y lágrimas rodando por el rostro.
Miedo roto en la infancia,
miedo a vivir en el presente,
miedo a lo incierto del futuro.
Imágenes rápidas de las que no escapo,
olores que quiero olvidar,
palabras que no deseo leer y
libros que no alivian mi pesar.
Miedo que superar,
miedo al que enfrentar,
miedo que desaparecerá.
Nadie nos libra de él,
nos protege, nos pone en alerta,
obstáculo de ideas atrevidas
y sentimiento que nos embarga.

Miedo... ya no te tengo miedo.
Puede que vuelvas…
Aquí estaré.

DESPERTAR

Cortar o interrumpir el sueño a quien está durmiendo.
Traer a la memoria algo ya olvidado.

Momentos donde sonríes, recuperas la confianza perdida en ti, te sientes en calma. Has logrado encajar piezas del puzle de tu vida y eso hace que puedas avanzar más ligera, más amable, más segura, más humana.

No reprimes casi ninguna emoción y entiendes por qué llegan en determinados instantes.

Nuestro cerebro quiere siempre lo mejor: protegernos, aunque eso, a veces, nos haga daño.

He despertado. ¿Volveré a tener pesadillas? Sí, seguro. Siempre hay golpes que nos hacen volver a tener pesadillas, pero espero que el despertar sea más rápido y con más energía.

APERTURA

Abro los ojos,
miro otros paisajes,
huelo otros aromas,
escucho otras palabras,
toco otros horizontes
y saboreo nuevos deseos.
Es posible.
Fue posible antes y
será posible mañana.
Respiro con más intensidad
y amo con más calma.
Conecto conmigo,
abrazando mis imperfecciones,
aceptando mi otro yo.
La vista atrás,
los días lejanos que nos marcaron
ahora cobran sentido
y se colocan.

Están y estarán,
pero mi nuevo yo
vendrá para abrir
un nuevo despertar.

GRATITUD

El reflejo anaranjado del sol
cada mañana.
El sutil añil del ocaso
con las ruedas en los pies.
La sonrisa perezosa
al despertar en mis brazos.
El sonido de las olas y
salitre en mis pulmones.
La delicada flor blanca
que se abre en marzo.
El suave tacto del pelo
de destellos dorados.
La piel cálida y clara
que calienta mis manos.
El mar reflejado en tus grandes ojos
que me llevan adentro rodando.
La armoniosa voz
que todo lo cura.
La acompasada respiración
que me mantiene viva.
El abrazo sincero
que te calma la pena.
Los sabores prohibidos
que nos recuerdan días especiales.

Las tardes de parque y merienda
que congelan el tiempo.
Las eternas palabras sanadoras:
Te quiero.

KOMOREBI

La luz tenue me ciega,
respiro aire cálido,
vuelve la razón de la existencia.
Verde inunda el alma rota
y de mariposas llena la cabeza.
El rumor del agua me transporta,
siempre es mi esencia.
Miro arriba: verde, azul,
dorados se cuelan.
Tierra húmeda en los pies,
conexión con la madera.
Inspiro y abrazo la naturaleza,
la que nos da con gentileza.
Damos por hecho su grandeza,
no reparamos en ella.
Miradla, que cansada nos abraza,
y coged su mano
para alcanzar la calma.

LIBERTAD

Largas noches sin control,
música en mis oídos,
zapatos de tacón.
Maquillaje defensivo
y cenas con canción.
Amaneceres inesperados
con los primeros rayos de sol
y encuentros fortuitos
que forjan mi liberación.
Pensamientos vacíos,
sentidos en lugar de razón
y sonrisas sinceras
que nos llegan al corazón.
Aeropuertos que nos miran
llenos de pasión.
Lugares desconocidos
que esperan nuestra atención.
Teléfonos olvidados y
solo el mar y el sol.
Los relojes se oxidan,
olvidan su patrón
y solo la eternidad existe
mientras en mi cabeza solo esté yo.

NADA

Cavernas vacías de pensamientos,
negatividad venida a menos
y monstruos que enfurecemos
con el deseo de que podemos.

Necesaria separación de sentimientos,
ocupación importante en los comienzos,
retales que uno, aunque harapientos,
y en telares convierto, opulentos.

Nada, vacío, inexistencia.
Solo ahora mi nueva conciencia
que anhelante crea experiencias.

Aprendí y crecí con las vivencias.
Lloré y supliqué a la ciencia
y un rayito asoma en la contienda.

QUINTAESENCIA

Extraer todo el néctar
con el mayor de los esfuerzos,
conocerse de nuevo
sin perder en el intento,
colocarse en el centro
olvidando lo superfluo.
Cogerme de la mano
para no perder el rumbo y
encontrarme a cada paso
con mi ser más puro.
Mil avatares vendrán
que mi yo alterarán;
dolores surgirán
que no podré evitar;
pero sí aceptaré
mi forma de pensar y enfrentar.
Comprender mi interior
y mi pasado; agarrarme al presente
y soñar con el mejor futuro.
Creer que cambio el mundo,
que cada gesto tiene impulso
y que cada energía vuelve.
Abrazarme con fuerza,
no volver a perderme,
amar mi quintaesencia.

SALVACIÓN

Príncipes que huyen,
hadas no madrinas,
final sin perdices y
una sonrisa fina.
Buscar a quien no encuentras
y perder la paciencia.
Alimentar prejuicios
sin cuestionar su equilibrio.
Salvar.
Salvarme.
No hay nadie, el trabajo es mío.
Comprender que tu mente
es el más terrible enemigo y
luchar contra sus ideas
que solo aportan mareas.
Emprender el camino y
estar perdida sin sentido,
caminar sin descanso
dando vueltas en el laberinto;
pero, una luz con un sendero
te muestra algo certero.
Te atrae con su poder
y entiendes tu fe.
Creer en ti es lo único,
lo fue, lo será y
nada más debes cuestionar.

ESPERANZA

La realidad quieres cambiar
y con tu esfuerzo podrás.
Malos pensamientos tendrás
pero con tesón los apartarás.

El camino crecerá,
y la senda recorrerás,
el paisaje disfrutarás,
en tu propia mano confiarás.

Los rayos de sol pueden penetrar,
el oscuro bosque calentar,
al gorrión hacer cantar.
La primavera puede llegar.

Y el calor todo cubrirá,
las canciones más alto sonarán,
la semilla germinará,
y, por fin, la esperanza ganará.

VIDA

Abro los ojos,
inspiro tu aroma,
abrazo tu cuerpo,
escucho tu respiración
y toco tu piel.
Perfección absoluta
de creación fortuita,
cargada de matices
que guían mi felicidad.
Ojos marinos,
sonrisa suave,
manos de pianista,
cuerpo de artista.
Te miro, recargo mi ser;
te siento, doy sentido a mi vida;
y te amo, explota mi corazón.
Mi cerebro evoca cada rincón de tu cuerpo
y no puede no pensar en ti.
Cada minuto de cada día,
tú eres mi vida.
Cada plan, cada aventura,
tú eres mi vida.
Cada deseo, cada ilusión,
tú eres mi vida.

ÚNICA

Ojos rasgados que no dejan de observar,
nariz chata que aspira los aromas,
boca sonriente que regala palabras,
cuerpo equilibrado que ejecuta,
manos incansables que resuelven
y pies decididos que nunca descansan.
Cerebro que todo cuestiona,
oídos atentos a todo,
pestañas que no parpadean,
corazón que late por todo, por todos.
Respiración que abraza todo el oxígeno.
¿Cómo un cuerpo
puede ser tan perfecto?
¿Cómo una cabeza
puede trabajar tan incesantemente?
Maltratado antaño,
erigido ahora.
Amado siempre.
La naturaleza nos regala
misterios únicos y tú
eres uno de ellos.
Única, poderosa palabra.

XANTHOUS

Calma.
El monstruo descansa en su hamaca
verde.

Momento.
El futuro espera pintado de
azul.
Nubes.
El viento desliza la masa
esponjosa.
Sal.
La brisa inhalada llena los pulmones
vacíos.
Agua.
Lo superfluo desaparece con la corriente
turquesa.
Zumo de piña.
El sabor fluye por mi boca
sonriente.
Perfume.
El aroma recuerda las noches
interminables.
Fórmula V.
La música me transporta al verano
infinito.
Caricia.

El tacto evoca una piel
sedosa.
Arena.
Los granos pintan la toalla
dorada.
Olores e imágenes.
Los recuerdos se agolpan
esperando ser revividos,
recreados, reinventados.

Calma.
El monstruo descansa en su hamaca
verde.

AGRADECIMIENTOS

A «A», porque sin ella no hubiera rebuscado en lo más hondo de mi ser y este libro no hubiera salido a la luz. Gracias por marcarme el camino que yo sola debo recorrer.

A «M», por su estar, silencioso a veces, y por el humor que aporta a algunos asuntos serios de la vida; por acompañarme en todos los viajes que deseo hacer.

A mí, que me había perdido sin remedio y lucho cada día por encontrarme y no abandonarme. A veces sin resultado, pero siempre sin descanso.

A ti, apreciado lector, para que te valores y te quieras, porque no hay nadie como tú y mereces tratarte con el mayor amor del mundo.

Índice

DESPERTAR

Este libro se terminó de editar en Granada
en diciembre de 2024 por

Aliarediciones

www.aliarediciones.es
info@aliarediciones.es